Harald Parigger

Jeden Tag soll Weihnacht sein

Geschichten für die Adventszeit

Illustriert von Irmtraud Guhe

Inhalt

Sankt Nikolaus verläuft sich

Draußen, weit draußen vor der großen Stadt, wo die Felder und Wiesen am Waldrand enden, war es dunkel und still. Lautlos fiel der Schnee in dicken weißen Flocken aus den Wolken. Ein dichter weißer Schleier lag über dem Land, und die Bäume trugen weiße Mützen. Kein Mensch war weit und breit, nur ein Hase hoppelte über eine verschneite Wiese und scharrte hier und da den Schnee beiseite, um ein grünes Pflänzlein zu finden.

Plötzlich stellte er seine langen Löffel hoch, lauschte regungslos und blinzelte erschrocken.

Wie von Zauberhand teilten sich die Wolken über der Wiese, und der Schnee glitzerte im hellen Licht. Blitzschnell sauste der Hase in das schützende Dunkel des Waldes.

Aber er hätte ruhig bleiben können, denn was da sacht, ganz sacht vom Himmel herabschwebte, war bestimmt nicht gefährlich für ihn. Ein großer Schlitten war es, auf dem eine rot gekleidete Gestalt saß. Zwei schwarze Pferde waren davor gespannt, denen mächtige Flügel aus dem Rücken wuchsen.

Der heilige Nikolaus – denn niemand anders war der Schlittenmann – erhob sich ächzend und lud einen gewaltigen Rucksack auf seinen Rücken. Dann tätschelte er seinen Pferden die Nüstern und winkte einmal kurz zum Himmel hinauf. Das Licht erlosch, und das Land lag wieder in tiefer Dunkelheit.

„Macht's gut, ihr beiden", rief er den Pferden zu, „und werdet nicht ungeduldig! Ihr wisst ja, wie viele Besuche ich machen muss, und der Weg ist weit."

Die Pferde hoben die Köpfe und wieherten. Dann standen sie bewegungslos da, und der Nikolaus machte sich auf den Weg in die große Stadt.

Er war längst nicht so streng, wie viele Eltern ihren Kindern immer erzählen, und freute sich darauf, seine Gaben zu verteilen. Nur das Laufen machte ihm Mühe, denn er war nicht mehr der Jüngste. Über fünfzehnhundert Jahre war er schon alt! Aber unverdrossen stapfte er durch den Schnee, bis er die Lichter der Stadt vor sich sah. Nun war es schon nicht mehr so still, denn immer mehr Autos sausten an ihm vorbei. Nur kurze Zeit dauerte es noch, dann war er mitten in der Stadt.

Große Lampen erleuchteten die Straßen, und die Autos flitzten nicht mehr an ihm vorüber, dazu waren es viel zu viele. Mühsam, wie Schnecken nach dem Regen, krochen sie über den Asphalt. Menschen eilten über die Bürgersteige, verschwanden in hell erleuchteten Geschäften oder kamen voll bepackt wieder heraus. Und laut war es! Autos hupten, Bremsen kreischten, und unzählige Füße machten „pitsch-patsch" im nassen Schnee. Aus Lautsprechern über den Schaufenstern erklangen Weihnachtslieder.

Der arme Nikolaus war ganz verwirrt. Wie sollte er sich in dem Durcheinander nur zurechtfinden? „Engelsgasse, Schneewittchenweg und Sternschnuppenstraße, da muss ich zuerst hin", murmelte er in seinen weißen Bart. „Aber wie soll ich das jemals finden?" In seiner Not fragte er einen der vorüberhastenden Menschen: „Entschuldigen Sie, können Sie mir sagen ...?"

„Keine Zeit, keine Zeit", antwortete der nur und lief gleich weiter.

Der Nikolaus probierte es noch mal, bei einer dicken Frau, die unter der Last ihrer Einkaufstüten keuchte. „Entschuldigung, können Sie mir sagen, wo ich die Engelsgasse finde, oder den Schneewittchenweg oder die Sternschnuppenstraße?", fragte der Nikolaus.

Die Frau setzte ihre Tüten ab und schnaufte: „Nein, leider nicht", sagte sie. „Wissen Sie, ich kenne mich hier überhaupt nicht aus."

Also wieder nichts. Der Nikolaus bedankte sich und lief seufzend weiter. Wie der schwere Rucksack drückte! Als er um eine Ecke bog, kam eine Gruppe Männer auf ihn zu, mit roten Mänteln, roten Mützen und langen weißen Bärten – genau wie er selbst sahen sie aus, sechs Nikoläuse auf einmal!

„Holla, ein Kollege", lachte einer von ihnen und gab dem richtigen Nikolaus einen freundschaftlichen Stups. „Na, ist es nicht schrecklich, wenn man bei solchem

Wetter arbeiten muss? Von welchem Kaufhaus kommst denn du?"

„Wieso Kaufhaus?", fragte der Nikolaus erstaunt.

„Ist doch klar!", sagte der falsche Nikolaus. „Am Nikolaustag gibt es in allen Kaufhäusern Nikoläuse, damit mehr Menschen kommen und etwas kaufen."

Der Nikolaus war ganz durcheinander. „Also ich …, eigentlich komme ich direkt vom Himmel!"

„Vom Himmel!", lachten die sechs falschen Nikoläuse, „das ist gut! Direkt vom Himmel! Und dein Kaufhaus heißt wohl *Paradies*?" Damit zogen sie lachend weiter.

Dummköpfe!, dachte der Nikolaus zornig. Die Menschen wurden doch immer verrückter. Jetzt verkleideten sie sich schon als Nikoläuse, nur damit die Geschäftsbesitzer noch mehr verdienten. Dabei sollte der Nikolaus doch Freude bringen, aber niemals beim Geldverdienen helfen! Verrückt, verrückt! Dem Nikolaus wurde traurig zumute. Ob ich vielleicht in ein paar Jahren ganz überflüssig bin?, überlegte er. Aber nein, wer den Menschen Freude bringt, der kann doch gar nicht überflüssig sein. Müde stapfte er weiter durch die verschneiten Straßen. Wenn ich nur wüsste, wie ich gehen muss, dachte er bekümmert. Links? Rechts? Oder geradeaus? Ohne dass er es gemerkt hatte, hatte er die lauten, hellen Straßen hinter sich gelassen. Dunkel war es jetzt, und die Häuser sahen nicht mehr so prächtig aus. Mühsam versuchte der Nikolaus ein Straßenschild an einer Hauswand zu lesen. *Krumme Gasse*, stand da. Na ja, jetzt ist es schon egal, dachte er, dann fange ich eben hier an!

Er trat in einen dunklen Hausflur und stieg langsam die steile Treppe hinauf bis in den ersten Stock. Dann klingelte er an einer Tür und wartete. Bald klang es drinnen „klocklocklocklock", so wie wenn jemand auf kurzen Beinchen ganz schnell läuft.

Die Tür öffnete sich, und ein kleines Mädchen mit feuerroten Haaren schaute neugierig heraus. Dann kriegte die Kleine ganz große Augen. „Oh, der Nikolaus kommt!", rief sie. „Zu uns!" Fast hätte sie vor lauter Aufregung dem Nikolaus die Türe vor der Nase zugeschlagen, doch im letzten Moment besann sie sich und sagte höflich: „Bitte komm doch herein, lieber Nikolaus!" Dann aber sauste sie gleich wieder davon. „Der Nikolaus", jubelte sie, „der Nikolaus!"

Langsam folgte ihr der heilige Nikolaus, klopfte an die Tür, hinter der das Mädchen verschwunden war, und trat ein. In eine Küche kam er da, und zwar nicht gerade in eine von reichen Leuten. Einen großen alten Herd gab es, ein Waschbecken, ein paar Regale mit Vorhängen davor, einen wackligen Tisch und ein abgewetztes Sofa. Davor standen das Mädchen und zwei kleine

Buben, wie drei Orgelpfeifen, und alle mit offenen
Mündern.

„Wo sind denn eure Eltern?", fragte der Nikolaus.

„Also ... Vati haben wir keinen mehr", erklärte das Mädchen, „und unsere Mutti muss noch arbeiten."

„So ist das also", brummte der Nikolaus. „So ist das also."

„Und du willst wirklich zu uns?", fragte das Mädchen.

„Ja", erwiderte der Nikolaus. Dann sah er den wackligen Tisch, das abgewetzte Sofa und die drei Kinder an und fügte hinzu: „Ja, zu euch will ich, zu euch ganz allein."

Er nahm entschlossen den riesigen Rucksack von den Schultern, öffnete ihn, fasste ihn am unteren Ende und schüttete den ganzen Inhalt auf den Fußboden.

Jubelnd stürzten sich die Kinder auf die ganzen Herrlichkeiten. Der Nikolaus aber warf sich den leeren Sack über die Schulter und verließ leise die Wohnung.

Er dachte an die vielen Kinder, die nun leer ausgehen würden, aber dann fiel ihm die ärmliche Küche ein, und er sah die lachenden Gesichter des Mädchens und seiner kleinen Brüder vor sich. Es wird schon recht sein, was ich gemacht habe, dachte er da. Und von weit her hörte er eine leise Stimme, die sagte: „Ja, alter Nikolaus, das hast du schon recht gemacht!"

Den Weg zurück fand der Nikolaus ganz leicht. Bald war er wieder auf der verschneiten Wiese. Er tätschelte den Pferden die Köpfe, bestieg seinen Schlitten, das

14

helle Licht erstrahlte, und der Nikolaus schwebte langsam wieder hinauf, höher als ein Mensch je kommen kann.

Die anderen Kinder in der großen Stadt waren schrecklich enttäuscht, weil ihnen der Nikolaus nichts gebracht hatte. Aber in der Nacht hatten sie alle den gleichen Traum: Sie sahen die Küche mit dem wackligen Tisch und dem abgewetzten Sofa und davor die drei Kinder, die mit großen Augen zuschauten, wie der Nikolaus den ganzen großen Sack mit all den herrlichen Dingen darin vor ihren Füßen ausschüttete.

Als sie am Morgen aufwachten, waren sie gar nicht mehr enttäuscht. Im nächsten Jahr wird der Nikolaus auch wieder zu uns kommen, sagten sie sich.

Und das wird er ganz bestimmt – wenn er sich nicht verläuft in den Straßen der großen Stadt.

Ein versalzener Advent

Marion naschte für ihr Leben gern. Und das sah man
ihr auch an. Sie hatte ganz dicke Backen, und über
ihren Bauch wollen wir gar nicht erst reden. Den
ganzen Tag lutschte und kaute sie: Gummibärchen,
Schokolade, Karamellbonbons, alles, was süß und klebrig war. Ihr ganzes Taschengeld ging für Süßigkeiten
drauf, und wenn eine von ihren beiden Omas mal ein

16

Fünfmarkstück springen ließ, ratet mal, was sie dafür kaufte!

Alles Schimpfen der Eltern nutzte nichts. Sogar wenn ihr Bruder Jochen „Hamsterbacke" zu ihr sagte, streckte sie ihm nur die Zunge heraus und schob schnell ein neues Bonbon in den Mund.

Marions Lieblingszeit war die Weihnachtszeit. Die tollste Naschzeit des Jahres! Der Nikolaus brachte immer einen großen bunten Teller. Die Omas schickten Päckchen vom Christkindlmarkt – mmh, gebrannte Mandeln, Dominosteine und Schokoladensterne: einfach köstlich! Aber das Beste waren Mutters Weihnachtsbäckereien: Zimtsterne, Butterplätzchen und vor allem die gefüllten Lebkuchen. Große runde Dinger waren das, aus zwei Hälften, bis zum Platzen mit Marmelade gefüllt und dann in Schokolade getaucht. Einfach unbeschreiblich gut waren sie, fand Marion.

Auch in diesem Jahr hatte die Mutter wieder welche gebacken. Marion hatte dabei helfen dürfen und natürlich zwei-, dreimal heimlich einen Finger in den süßen Teig gesteckt und blitzschnell abgeleckt. Aber kaum waren die Kuchen fertig und Marion wollte gerade zugreifen, da hieß es: „Finger weg! Dass du ja keinen anrührst! Die sind für Weihnachten!" Ganz streng klang die Stimme der Mutter. Da gab es keine Widerrede.

Dabei hatte Marion so großen Appetit. Seit Tagen hatte sie keine einzige Süßigkeit gegessen. Das Taschengeld musste sie doch unbedingt für Weihnachtsgeschenke sparen, und ein Omapäckchen war auch noch nicht gekommen. Auf dem Nikolausteller hatten nur Nüsse gelegen und sonst lauter nützliche Sachen: Filzstifte, ein Buch, ein neuer Schal. Alles ganz nett, aber nichts davon konnte man essen. Als Naschkatze hatte man es wirklich schwer.

Dann kam der zweite Advent. Am Nachmittag um vier Uhr rief der Vater: „Hallo, Kinder, es gibt Kakao und Kuchen!"

Marion ließ sich nicht zweimal rufen. Sie lief ins Esszimmer. Da war schön gedeckt, zwei Kerzen brannten, und die Eltern saßen schon am Tisch. Von Jochen war nichts zu sehen. Natürlich, der Lümmel trieb sich wieder mal herum! Marion setzte sich und guckte sehnsüchtig auf den großen Kuchenteller. Sandkuchen gab es. Na ja … Aber da lagen auch vier Schokoladenlebkuchen. Vier! Marion rechnete nach. Da kriegte ja jeder bloß einen! Immerhin, besser als nichts.

Die drei unterhielten sich, die Eltern tranken Kaffee und Marion Kakao. Sie aß zwei Stücke Sandkuchen und dann zum Schluss – oh, war der gut! – ihren gefüllten Lebkuchen.

Jochen war immer noch nicht gekommen. Aber sein

Schokoladenlebkuchen lag da. Ein besonders großer.
Der wartete doch nur darauf, gegessen zu werden.

Marion fragte schüchtern: „Also, wenn der Jochen
schon nicht da ist, kann ich dann vielleicht …"

„Nichts da", sagte der Vater, „der wird aufgehoben."

Marion seufzte tief. Aber was konnte man da schon
machen?

Nach dem Kaffeetrinken bliesen sie die Kerzen aus
und räumten gemeinsam den Tisch ab. Nur Jochens Teller mit dem großen Lebkuchen darauf ließen sie stehen.
Dann ging Marion in ihr Zimmer, um zu spielen. Aber
sie war nicht recht bei der Sache.

Ich will doch mal nachschauen, dachte sie, ob Jochen inzwischen gekommen ist und seinen Kuchen gegessen hat. Sie schlich ins Esszimmer und knipste das Licht an. Nein, der lag noch auf dem Teller, braun und verlockend. Wo nur der Jochen bleibt?, dachte Marion. Der verdient so einen herrlichen Lebkuchen überhaupt nicht!

Sie trat an den Tisch. Nur mal riechen! Oh, wie der duftet! Jetzt ess ich ihn einfach. Marion streckte die Hand aus. Nein, doch lieber nicht. Sonst gibt es Krach! Sie merkte, wie ihr das Wasser im Mund zusammenlief. Wenn ich ihn jetzt esse, überlegte sie, vielleicht denkt Mutti dann, Jochen hat ihn gegessen. Und Jochen weiß ja gar nicht, dass er einen kriegen soll. Gesagt, getan.

Schnell griff Marion nach dem Kuchen und biss kräftig hinein. Pfui Spinne! Das schmeckte ja grässlich! So scheußlich scharf, dass Marion die Tränen in die Augen traten.

Plötzlich glückste und kicherte es vor der Esszimmertür. Lachend kamen die Eltern und Jochen herein. Der grinste sie an, der freche Kerl, und sagte: „Vielen Dank, dass du meinen Kuchen gegessen hast. Ich mag nämlich keine Lebkuchen, die mit Salz und Senf gefüllt sind."

Marion schaute ihn sprachlos an. Dann rannte sie mit vollem Mund aus dem Zimmer. Die drei lachten hinter ihr her. So eine Gemeinheit! Sie ging ins Bad und spülte sich gründlich den Mund aus. Senf und Salz! Na wartet nur, euch werde ich's zeigen, dachte sie wütend. Ich esse überhaupt keine Süßigkeiten mehr. Nie, nie mehr!

Keine Süßigkeiten mehr? Ob sie das wohl ausgehalten hat?

Auch Engel brauchen Urlaub

Vor Weihnachten war im Himmel die Hölle los. Erst musste der Schlitten des heiligen Nikolaus beladen werden, dann gab es eine Riesenmenge von Wunschzetteln zu bearbeiten. Auch mussten die Engel täglich auf die Erde fliegen, um all das zu reparieren, was die Menschen im Laufe des Jahres angestellt hatten. Denn zu Weihnachten sollte schließlich alles wieder in Ord-

nung sein. Weil die Menschen aber so viel Unsinn machten, hatten die Engel wirklich eine Menge zu tun.

Und dazu kamen natürlich noch ihre Pflichten als Schutzengel. Viele Erdenbewohner konnten einfach nicht auf sich selber aufpassen. Sie verwechselten die Tür mit dem Fenster, sie guckten nicht rechts und nicht links, wenn sie über die Straße gingen. Sie standen gerade dann an einer Hauswand, wenn ein Ziegel vom Dach fiel. Oder sie stutzten mit dem Beil ihren Christbaum für den Ständer zurecht und konnten nicht richtig zielen.

Immer mussten die armen Schutzengel eingreifen und das Schlimmste verhindern. Und das zu der ganzen Arbeit, die sie ohnehin zu erledigen hatten. Wie gesagt, vor Weihnachten war im Himmel die Hölle los.

Am ärgsten aber hatte es den Engel Leopold erwischt. Der war eigentlich ein fröhlicher Geselle und machte alles mit, aber diesmal hatte er die Nase voll.

„Ich brauche Urlaub", hatte er den obersten Engelchef, den heiligen Petrus, angefleht. „Mindestens sechs Wochen auf einer Wolke in der Südsee."

Aber Petrus hatte nur ganz kühl geantwortet: „Vor Weihnachten Urlaub? Ausgeschlossen!"

Da war nichts zu machen, und Leopold musste weiterschuften. Wunschzettel lesen, Geschenke verpacken. Dann im Sturzflug zur Erde sausen, ein paar zerstrittene Nachbarn versöhnen und einer armen Familie helfen. Und so weiter und so fort.

Das alles hätte er ja spielend geschafft, aber seine Arbeit als Schutzengel machte ihn fix und fertig. Er musste sich nämlich um einen gewissen Kilian kümmern. Der war sechs Jahre alt und ein Lausbub von der schlimmsten Sorte.

Wer saß hoch oben auf dem morschen Ast im Apfelbaum? Kilian. Wer wollte unbedingt den bissigen Hund von Herrn Müller streicheln? Kilian. Wer kletterte nachts auf den wackligen Stuhl, um sich ein Stück Schokolade aus dem Schrank zu stibitzen? Kilian.

Und immer musste der arme Leopold da sein, denn er war schließlich Kilians Schutzengel. Als Kilian vom Apfelbaum purzelte, fing er ihn sanft in seinen Armen auf. Dem bösen Hund hielt er das Maul zu, als der gerade zubeißen wollte. Den wackligen Stuhl packte er ganz fest, damit er nicht umfiel. Das alles machte er natürlich unsichtbar wie alle Schutzengel.

Deshalb sah Kilian nie, wie Leopold schwitzte und sich abrackerte. Aber wenn er es gesehen hätte, so hätte sich auch nichts geändert. Denn Kilian war eben ein arger Lausbub.

In diesem Jahr aber trieb er es zu bunt. Eine Woche vor Weihnachten war der Frost ins Land gekommen und hatte den Teich in der Nähe von Kilians Haus mit einer Schicht Eis überzogen. Kein Mensch wäre freilich auf die Idee gekommen, darauf spazieren zu gehen, dazu war das Eis viel zu dünn. Kein Mensch – bis auf Kilian.

Jeden Tag probierte er es, auch wenn das Eis noch so schwankte und krachte. Natürlich wäre er jedes Mal eingebrochen, aber … Ihr habt es längst erraten: Leopold, sein Schutzengel, half ihm. Er packte ihn am Schlafittchen, wenn das Eis unter ihm zersplitterte, oder gab ihm rechtzeitig einen Stoß. Ja, einmal flog er sogar blitzschnell unter die Eisdecke und hielt sie von unten fest, nur damit der Lümmel nicht ins Wasser fiel.

Hinterher musste Leopold, der arme Kerl, dann nass und frierend zum Himmel fliegen, und als er oben ankam, hingen ihm die Eiszapfen an der Nase.

Aber jetzt reichte es ihm. Vor Kälte klapperte er mit den Zähnen. Vor ihm türmte sich ein Berg mit Wunschzetteln, die er noch nicht einmal angesehen hatte; kaum ein Geschenk war schon eingepackt.

Alles wegen Kilian, dachte Leopold, und er war so zornig, wie ein Engel nur sein kann. Aber beim nächsten Mal lass ich ihn ins Wasser fallen, so wahr ich Leopold heiße!

Als Kilian am folgenden Tag wieder aufs Eis ging, flog Leopold hinter ihm her, aber er rührte keinen Finger. Geh nur weiter, du Lümmel, dachte er, dein Schutzengel hat für heute Feierabend!

Die dünne Eisschicht ächzte und krachte unter Kilians Schritten, doch er achtete überhaupt nicht darauf. Ihm passierte ja nie etwas. Aber dann passierte doch etwas: Das Eis bog sich, knackte und knirschte und – zack! brach eine große Scholle heraus, und Kilian rutschte ins eiskalte Wasser. Vor Schreck konnte er kein Glied rühren.

Das hast du nun davon!, dachte Leopold. Dabei kicherte er ein bisschen schadenfroh, aber das dürft ihr niemandem weitererzählen, denn für einen Engel gehört sich so etwas natürlich nicht.

Er fasste Kilian am Kragen und zog ihn aus dem Wasser. Der lief bibbernd und tropfend nach Hause, und als seine Mutter ihn so sah, steckte sie ihn gleich mit zwei Wärmflaschen ins Bett und gab ihm Lindenblütentee zu trinken, damit er ordentlich schwitzte. Trotzdem musste er während des ganzen Weihnachtsfestes mit einem dicken Schnupfen im Bett bleiben.

Der Engel Leopold aber durfte endlich in Urlaub fliegen, denn mit einem solchen Schnupfen konnte nicht einmal Kilian etwas anstellen.

Faul saß Leopold auf seiner Wolke in der Südsee, ließ sich von der Sonne bräunen und tat einfach gar nichts. Er musste sich nämlich gut erholen, denn wenn der Kilian erst gesund war, dann ging es bestimmt wieder richtig los!

 # Jeden Tag soll Weihnacht sein

„Oh, ist das schön!" Mit großen Augen bestaunte Leonie, was da glitzernd und funkelnd unter dem Christbaum lag. „Ist das alles für mich?", fragte sie erstaunt.

„Na freilich", sagte die Mutter, und der Vater fügte hinzu: „Nun fang schon mit dem Auspacken an!"

Das ließ sich Leonie nicht zweimal sagen. Sie stürzte sich auf die goldenen Päckchen und begann die großen roten Schleifen aufzuziehen. Welche Herrlichkeiten kamen da zum Vorschein! Ein Kasten mit bunten Bauklötzen, eine Puppe, die wie ein richtiges lebendiges Baby aussah, ein Paar rote Schuhe mit weißen Blümchen darauf und noch viele wunderbare Dinge mehr. Leonie packte alles ganz langsam aus, damit die Bescherung möglichst lange dauerte.

Aber schließlich lag nur noch ein einziges Paket unter dem Weihnachtsbaum. Es war lang und schmal und fühlte sich ganz hart an. Was mochte wohl drin sein? Vorsichtig zog Leonie die Schleife auf und öffnete das Goldpapier. Als Erstes sah sie zwei lange, dünne Beine mit riesigen blauen Stiefeln daran. Verwundert schob

28

sie das Papier ganz zur Seite. Dann rief sie: „Ein Hampelmannzauberer!"

Und tatsächlich, so war's. Ein hölzernes Männlein lag vor ihr, das mit einem dunkelblauen Mantel mit tausend goldenen Sternen darauf bekleidet war. Es hatte ein rosiges Gesicht mit hellblauen Augen, einer Himmelfahrtsnase und einem großen roten Mund. Auf dem Kopf trug das Männlein einen hohen, spitzen Hut, und in der Hand hielt es einen kleinen schwarzen Zauberstab. Und als Leonie den kleinen Mann in die Höhe hielt und an der Schnur zog, die zwischen seinen Stiefeln herunterbaumelte, da sausten seine Arme und

29

Beine nach oben, als ob er einen Luftsprung machen wollte.

„Ein Hampelmannzauberer", rief Leonie noch einmal, „und ganz bestimmt der schönste Hampelmann der Welt!"

Sie spielte den ganzen Abend mit ihren neuen Sachen. Aber zwischendurch beguckte sie immer wieder das hölzerne Männlein in seinem Sternenmantel. Bevor sie schlafen ging, musste ihr der Vater noch einen Nagel in die Wand schlagen, haargenau über dem Bett, damit Leonie ihren Hampelmann immer ansehen konnte. Als sie unter die Decke geschlüpft war, kamen die Eltern zum Gute-Nacht-Wünschen. Leonie sagte: „Ihr seid die besten Eltern von der Welt. Und das war der schönste Tag in meinem Leben!"

„Na, dann warte mal bis zum nächsten Weihnachtsabend. Vielleicht wird's da noch schöner", meinte der Vater.

Aber Leonie schüttelte den Kopf. „Nein", sagte sie, „noch schöner kann es nicht werden!" Sie guckte noch einmal auf das Männlein über ihrem Bett, dann löschten die Eltern das Licht, und Leonie war allein.

Sie kuschelte sich unter der warmen Decke zusammen und dachte nach. Warum konnte es nicht öfter so herrliche Tage geben? Jetzt war der schönste Tag von Weihnachten wieder vorbei, und sie musste ein ganzes

Jahr warten, bis es wieder Weihnachtsgeschenke gab. Leonie wurde ein bisschen traurig und dachte an die vielen Päckchen mit den roten Schleifen. „Ich wünsche mir, dass jeden Tag Weihnachten ist", sagte sie laut.

„Wünschst du dir das wirklich?", fragte da eine tiefe, brummige Stimme.

Leonie kriegte einen fürchterlichen Schreck, und es dauerte eine ganze Weile, bis sie sich traute zu fragen: „Wer bist du?"

„Moment, Moment", brummte es, „ich muss nur rasch etwas Licht zaubern:

> Komm, mein lieber Zauberstab,
> schwinge auf und schwinge ab,
> hoch den Arm und hoch das Bein,
> leuchte, leuchte, heller Schein!"

Schon war es im Zimmer hell, und Leonie sah sich um. Aber da war niemand!

„Hier bin ich", brummte es und lachte leise dazu, „hier an der Wand!" Und wirklich, der kleine Hampelmann war es, der mit ihr sprach und vergnügt mit Armen und Beinen schlenkerte.

„Du kannst sprechen?", fragte Leonie verwundert.

„Natürlich! Schließlich bin ich ein Zauberer, und ein Zauberer kann alles, selbst wenn er nur ein Hampelmannzauberer ist."

„Das ist fein!", jubelte Leonie. „Dann kannst du mir auch einen Wunsch erfüllen?"

„Selbstverständlich kann ich das", sagte der Hampelmannzauberer stolz.

„Oh bitte, dann mach, dass jeden Tag Weihnachten ist!", bettelte Leonie.

„Willst du das auch wirklich?", fragte der Hampelmann.

„Ja, ganz, ganz wirklich. Jeden Tag Weihnachten, das ist das Allerschönste!"

„Ist in Ordnung", brummte der Hampelmannzauberer, „wenn du es wirklich willst. Aber du musst ein bisschen Geduld haben. Denn das ist ein schwieriger Zauber!" Er verstummte und blickte eine Zeit lang vor sich hin.

Leonie beobachtete ihn gespannt.

Plötzlich sprach das Zaubermännchen wieder mit lauter Stimme, und der Arm mit dem Zauberstab sauste auf und nieder:

„Tannengrün und Apfelrot,
Pfefferkuchen, Zuckerbrot,
Lichterglanz und Kerzenschein,
jeden Tag soll Weihnacht sein.
Leonie soll täglich haben
Goldpapier mit hundert Gaben,
jeden Abend Weihnachtspracht,
ob ihr das wohl Freude macht?
Komm, mein lieber Zauberstab,
schwinge auf und schwinge ab,
hoch den Arm und hoch das Bein,
schlaf jetzt, Leonie, schlaf ein!"

Leiser und leiser wurde seine Stimme, langsam erlosch das Licht, und Leonie schlief ein.

Sie wachte erst auf, als die Mutter in ihr Zimmer kam und rief: „Guten Morgen, du Langschläferin! Freust du dich schon?"

„Wieso freuen?", fragte Leonie erstaunt.

„Na, heute ist doch Weihnachten! Hast du etwa den schönsten Tag des Jahres vergessen?"

Erst wusste Leonie gar nicht, was sie dazu sagen sollte. Aber dann fiel ihr ein, was in der Nacht geschehen war, und sie dachte: Hurra, der Hampelmannzauberer hat meinen Wunsch erfüllt!

Gespannt wartete sie, bis der Abend kam. Und tatsächlich! Wieder strahlte der Christbaum im hellen Lichterglanz, wieder lagen viele goldene Päckchen um ihn herum. Begeistert machte sich Leonie ans Auspacken. Und als sie dann ins Bett ging, sagte sie zu ihren Eltern: „Das war der schönste Tag in meinem Leben!"

Am nächsten Tag ging es genauso, auch am übernächsten und am überübernächsten. Aber merkwürdig, Leonie hatte bald überhaupt keine Freude mehr daran. In ihrem Zimmer türmten sich die neuen Sachen. Sie konnte gar nichts mehr damit anfangen. Mit welcher

34

Babypuppe sollte sie spielen? Sie hatte zehn davon! Welche von den neuen Schuhen sollte sie anziehen? Die grünen? Die blauen? Die gelben? Sie wusste es nicht. Die Spiele, die Bilderbücher, die Bauklötze, alles lag unbeachtet in der Ecke, denn Leonie hatte keinen Spaß mehr daran.

Sie freute sich überhaupt nicht mehr, wenn sie an den Abend dachte. „Schon wieder die blöden Päckchen auspacken!", stöhnte sie. Mürrisch hockte sie zwischen den Geschenkebergen und guckte wütend zum Hampelmannzauberer hinüber. „Du bist schuld", sagte sie zornig, „du bist schuld, dass mir Weihnachten überhaupt keinen Spaß mehr macht."

Aber das hölzerne Männlein rührte sich nicht.

So verging ein Weihnachtstag nach dem anderen, und Leonie wurde immer trauriger. An einem Abend, als sie wieder im Wohnzimmer den Weihnachtsbaum und die goldenen Päckchen sah, rannte sie in ihr Zimmer und warf sich im Dunkeln aufs Bett. „Nein, nein", schrie sie, „ich will nicht mehr, dass jeden Tag Weihnachten ist!"

„Wirklich nicht?", fragte da eine tiefe, brummige Stimme.

„Nein, nein", sagte Leonie schnell.

„Immer mit der Ruhe", brummte es, „erst will ich mal ein bisschen Licht zaubern:

Komm, mein lieber Zauberstab,
schwinge auf und schwinge ab,
hoch den Arm und hoch das Bein,
leuchte, leuchte, heller Schein!"

Da wurde es hell, und der Hampelmannzauberer an der Wand lächelte Leonie freundlich an. „Na, kleine Weihnachtsmaus", sagte er, „es ist wohl doch nicht so schön, wenn jeden Tag Weihnachten ist?"

„Nein, wirklich nicht", erwiderte Leonie. „Es ist ganz furchtbar entsetzlich und ganz grässlich langweilig! Bitte, bitte, mach es wieder wie früher!"

„Na gut, weil du es bist", sagte der Hampelmannzauberer und nickte ihr freundlich lächelnd zu. Er blieb noch ein kleines Weilchen still, und rief dann mit lauter Stimme:

„Tannengrün und Apfelrot,
Pfefferkuchen, Zuckerbrot,
Lichterglanz und Kerzenschein
soll'n im Jahr nur einmal sein.
Was man jeden Abend hat,
kriegt man bald schon gründlich satt.
Komm, mein lieber Zauberstab,
schwinge auf und schwinge ab,
hoch den Arm und hoch das Bein,
schlaf jetzt, Leonie, schlaf ein!"

Leiser und leiser wurde seine Stimme, das Licht erlosch, und Leonie schlief ein. Ganz von allein wachte sie auf, als die Sonne sie an der Nase kitzelte. Gleich sprang sie aus dem Bett und sah sich um. Die Spielzeugberge waren verschwunden, nur eine Babypuppe lag noch da, ein Baukasten und ein Bilderbuch.

Leonie sah zur Wand hinüber, wo der Hampelmannzauberer hing. Ganz unschuldig hing er da, als ob er überhaupt nicht reden und zaubern könnte.

„Danke schön", sagte Leonie, „das hast du sehr gut gemacht." Und sie war sehr froh. Da zwinkerte ihr der Hampelmannzauberer lustig zu, nur einmal ganz kurz. Von da an hing er immer still an der Wand. Doch manchmal, wenn Leonie einen ganz großen Wunsch hatte, dann glaubte sie zu hören, wie es leise über dem Bett murmelte:

„Komm, mein lieber Zauberstab,
schwinge auf und schwinge ab …"

Heiligabend ohne Vater

Schschsch … langsam und leise schob sich das rote
Ungeheuer in den Bahnhof. Schschsch … noch einmal
zischten die Bremsen, dann stand die große Lokomotive, und der ganze lange Zug hielt. Die Reise war zu
Ende. Überall öffneten sich die Türen, und viele Menschen, bepackt mit Koffern und Taschen, stiegen aus.
Manche von ihnen wurden auf dem Bahnsteig schon
erwartet. Das war dann eine Freude, ein Lachen und
Erzählen!

Auch Johannes stand auf dem Bahnsteig und wartete.
Aber nicht auf irgendeinen einfachen Fahrgast. Johannes wartete auf den wichtigsten Mann im ganzen Zug,
auf den Lokführer. Der war nämlich sein Vater. Da
stand er schon, vorne in der kleinen Tür des Führer-
hauses, sprang auf den Boden und blickte sich suchend
um. Johannes winkte und rannte seinem Vater direkt in
die Arme.

„Nanu", lachte der, „du holst mich ohne Mutti ab? Du
bist ganz allein auf dem großen Bahnhof?"

„Nein, nein", meinte Johannes. „Die Mutti steht da
hinten unter der großen Uhr. Aber ich wollte dich ein-

38

mal ganz für mich allein haben. Wo du doch so lange weg warst!"

„Das verstehe ich", sagte der Vater und drückte Johannes ganz fest. „Aber jetzt bin ich ja wieder da."

„Ja, bis zum nächsten Mal", seufzte Johannes, „bis du wieder in deine Lokomotive steigst." Dann nahm er Vaters große Hand in seine kleine, und sie marschierten zusammen zur Mutter.

Als sie daheim waren, sagte der Vater plötzlich: „Hört einmal zu, ihr beiden. Ich muss euch etwas sagen." Ganz ernst klang seine Stimme.

Die Mutter und Johannes blickten ihn neugierig an. Was gab es wohl so Wichtiges?

„Es ist so", fuhr der Vater fort, „ich kann diesmal

Weihnachten nicht bei euch sein. Ich muss für einen kranken Kollegen einspringen und seinen Zug übernehmen."

„Nein!", rief die Mutter. „Das darf doch nicht wahr sein! An so vielen Sonntagen bist du schon unterwegs gewesen, und jetzt auch noch am Heiligabend? Nein, nein, nein!"

Johannes sagte gar nichts. Aber ihm war zum Heulen. Den Christbaum anzünden, die Weihnachtsbratwurst essen, die Bescherung – alles ohne Vater. Das war doch kein Weihnachten! Er stand auf und rannte aus dem Zimmer. An der Tür aber drehte er sich noch einmal um. „Deine blöde Lokomotive!", schrie er. „Hoffentlich fällt sie bald auseinander!"

Als er am Abend in seinem Bett lag, konnte Johannes nicht einschlafen. Er musste ständig daran denken, wie das wäre, Heiligabend ohne seinen Vater. Bestimmt nicht schön. Aber hätte er deshalb seinen Vater so anschreien müssen? Schließlich stand er auf und tappte durch den dunklen Flur ins Wohnzimmer.

Da saß der Vater noch, ganz allein, und trank ein Bier. „Na, kleiner Mann", sagte er, „du kannst wohl auch nicht einschlafen? Komm einmal her zu mir!"

Johannes kletterte auf seinen Schoß, und plötzlich kullerten ihm die Tränen über die Backen. „Wenn du nicht da bist, Papa", schluchzte er und schniefte ordentlich dabei, „dann will ich, glaub ich, überhaupt gar nicht Weihnachten feiern!"

„Na, na", sagte der Vater, „jetzt hör einmal zu. Die Mutti braucht dich doch. Wenn ich mit meinem Zug unterwegs bin, bist du doch der einzige Mann im Haus. Deshalb musst du dich zu Weihnachten um die Mutti kümmern. Du musst ihr helfen den Christbaum aufzustellen, den Tisch zu decken, und beim Abtrocknen helfen musst du ihr auch. Versprichst du mir das?"

Johannes nickte schniefend. Der Vater gab ihm sein großes Taschentuch, damit er sich die Nase putzte und die Tränen abwischte. „Und jetzt will ich dir noch etwas sagen", fuhr er fort. „Ein Lokführer ist dazu da, die Menschen von einem Ort zum anderen zu bringen. Damit sie einander besuchen und sich über ein Wiedersehen freuen können. Stell dir vor, es gäbe keine Lokführer. Wie sollte da zum Beispiel die Oma zu uns kommen können?"

Ja, das verstand Johannes. Denn die Oma, die er sehr lieb hatte, kam immer mit dem Zug. Schrecklich, wenn es keine Lokführer gäbe!

„Und gerade zu Weihnachten", sagte der Vater, „wollen so viele Omas ihre Enkel besuchen, Kinder wollen zu ihren Eltern, viele Menschen möchten ihre Freunde wieder sehen. Und da kommt nun der Johannes und sagt: ‚Mein Papa darf zu Weihnachten nicht auf seiner blöden Lokomotive fahren!' Da müssten viele Omas allein bleiben, viele Kinder dürften nicht zu ihren

Eltern, und viele Menschen blieben ohne Freunde. Fändest du das richtig?"

Johannes schüttelte den Kopf. Nein, das wollte er nicht.

„Siehst du", meinte der Vater. „Ein Lokomotivführer ist ein wichtiger Mann, besonders zu Weihnachten. Denn er bringt die Menschen zusammen. Deshalb darfst du nicht traurig sein, wenn ich am Heiligen Abend unterwegs sein muss. Alles klar, kleiner Mann?"

Johannes nickte. Natürlich war er immer noch traurig. Aber er war auch mächtig stolz. Denn sein Vater brachte die Menschen zusammen. Besonders zu Weihnachten.

43

 # Ein Bäumchen, ganz für dich allein!

Ganz oben unterm Dach wohnte die alte Frau Koch. Sie war eine kleine Dame mit weißen Haaren und faltigen Händen. Ihre Augen waren ganz hellblau und tränten ein bisschen, sodass ihr oft ein paar Tropfen über die runzeligen Wangen liefen.

„Warum weint sie denn immer?", hatte Sebastian einmal seine Mutter gefragt.

Aber die Mutter hatte geantwortet: „Sie weint nicht. Alte Leute haben oft tränende Augen."

Sebastian mochte die alte Frau nicht besonders. Er wusste aber nicht, warum. Sie war eigentlich immer ganz freundlich zu ihm. Aber irgendwie war sie anders als alle Menschen, die er kannte. Und sie roch so … so alt.

Sebastian begegnete ihr oft, wenn sie mit langsamen, kleinen Schritten die Treppe hinaufging. Dann kam sie vom Einkaufen oder hatte im Briefkasten nachgeschaut, ob der Postbote etwas hineingesteckt hatte. Aber es war nie etwas drin. Das wusste Sebastian genau.

Als sie sich das erste Mal trafen, bald nachdem Sebastians Familie hierher gezogen war, sagte sie zu ihm: „Guten Tag, Kleiner."

„Guten Tag", antwortete Sebastian, „aber ich bin nicht klein!" Er war doch schon fünf!

Seitdem sagte sie immer nur freundlich: „Guten Tag", und er sagte auch: „Guten Tag." Dann schlüpfte er schnell an ihr vorbei, denn sie war ihm ein bisschen unheimlich, so anders und so alt.

Nun lebte Sebastian schon einige Monate in der neuen Wohnung, und noch immer mochte er die alte Frau Koch nicht besonders.

Dann kam die Weihnachtszeit.

An einem Nachmittag ging Sebastian mit seinem Bruder in die Stadt, um einen Tannenbaum zu kaufen. Sie bewunderten die weihnachtlich geschmückten

Straßen und den herrlichen Christbaum, der auf dem Marktplatz stand, über und über mit Lichtern behangen. Dann kauften sie einen schönen Baum und machten sich auf den Heimweg.

„Ob die alte Frau Koch wohl auch einen Christbaum hat?", fragte Sebastian plötzlich.

„Die braucht doch keinen", antwortete sein Bruder, „die ist doch ganz allein. Und wenn sie einen sehen will, dann kann sie ja auf den Marktplatz gehen!"

Das ging dem Sebastian nicht aus dem Kopf. „Die ist doch ganz allein!" Er konnte sich nicht genau vorstellen, wie es war, ganz allein zu sein. Aber sicher nicht schön und bestimmt furchtbar langweilig. Und dann hatte sie nicht mal einen Weihnachtsbaum!

Als sie zu Hause waren, machte er sich gleich an seinem Sparschwein zu schaffen. Dann lief er noch einmal zum Marktplatz. Dort kaufte er ein winzig kleines Bäumchen, denn mehr Geld hatte er nicht, und ein größeres konnte er allein auch gar nicht tragen. Daheim erbettelte er von der Mutter ein bisschen Silberlametta und schnitt aus Goldpapier einen Stern. Damit schmückte er das Bäumchen.

Dann nahm er es und stieg mit klopfendem Herzen die Treppe hinauf zur Wohnung der alten Frau Koch. Er klingelte. Nach einer Weile hörte er ihre vorsichtigen, langsamen Schritte, und dann öffnete sie die Tür.

Sebastian hielt ihr den kleinen Tannenbaum hin und sagte: „Ein Bäumchen, ganz für dich allein!"

Die alte Frau sah ihn mit ihren hellblauen Augen an und sagte nur: „Danke." Wie immer lief ihr ein bisschen Wasser über die runzligen Wangen, aber diesmal waren es richtige Tränen.

Plötzlich mochte Sebastian die alte Frau Koch gut leiden. Und dabei blieb es.

 # Die Weihnachtszimmertür

Es war einmal ein Mann, der hatte drei Söhne. Der Älteste hatte Schultern so breit wie ein Schrank. Seine Muskeln waren eisenhart und seine Fäuste so groß wie Kohlköpfe. Der Mittlere hielt sich für unglaublich schlau. Er wusste alles, er konnte alles. Das dachte er jedenfalls. Der Jüngste war nicht besonders stark. Er glaubte auch nicht, dass er superklug war. Bevor er etwas tat, überlegte er immer erst zweimal, und seine Fäuste gebrauchte er nur ganz selten. Deshalb verachteten ihn seine Brüder.

„Ein schwächliches Kerlchen", sagte der Starke. „Der kann ja nicht einmal richtig zuhauen!"

„Ein Dummbeutel", meinte der Schlaue. „Bis der zu Ende gedacht hat, ist die Welt untergegangen."

Aber der Jüngste machte sich nichts daraus. „Lass sie nur reden", sagte er immer und dachte sich seinen Teil.

Der Vater hatte alle seine Söhne gleich lieb, wie es sich für einen guten Vater gehört. Aber einmal wollte er prüfen, welcher von den dreien wohl der Tüchtigste wäre. Also sagte er zu ihnen: „Wie ihr wisst, ist bald Weihnachten. Und wie immer werden im Weihnachts-

48

zimmer die schönsten Geschenke bereitliegen. Aber diesmal ist das Zimmer fest verschlossen. Wem von euch es gelingt, die Tür zu öffnen, dem soll alles gehören. Die anderen aber gehen leer aus." Damit entließ er seine Söhne.

Die beiden älteren Brüder sagten: „Das ist ja eine Kleinigkeit!"

Nur der Jüngste meinte: „Ganz so leicht wird es uns der Vater nicht gemacht haben!"

„Ach, Quatsch", meinte der Starke, „das Türchen mache ich mit zwei Fingern auf!"

„Ich habe schon einen außerordentlich klugen Einfall, wie ich die Tür öffne", erklärte der Schlaue.

Nur der jüngste Bruder sagte nichts, denn er wusste noch nicht, was er tun sollte.

Endlich war der Weihnachtstag gekommen. Als Erster versuchte der starke Bruder in das Zimmer zu gelangen. Er nahm einen gewaltigen Anlauf und warf sich gegen die Tür. Rumms! Da lag er auf dem Boden, und die linke Schulter tat ihm furchtbar weh. Er versuchte es noch einmal. Rumms! Da lag er wieder, und nun tat ihm auch die rechte Schulter weh. Er stand ächzend auf und trommelte mit seinen Riesenfäusten gegen die Tür. Aber die rührte sich nicht einmal. Denn sie war aus dicken Eisenplatten. Da halfen alle Muskeln nichts! Hinkend und voller blauer Flecke ging der

49

Starke zu seinen Brüdern und sagte kläglich: „Ich bin
heute nicht in Form – leider: die Tür ist immer noch
zu.“

Der zweite Bruder wollte es wie immer besonders
klug anstellen. Er ging zu einem berühmten Einbrecher
und ließ sich für teures Geld ein Dutzend Dietriche
anfertigen. Das wär doch gelacht, dachte er, einer passt
bestimmt! Er steckte den ersten Dietrich ins Türschloss
und fummelte und drehte und probierte – er passte
nicht. Beim zweiten war es genauso. Beim dritten aber:
Kracks! Da war ihm der Bart abgebrochen, und nun
ging gar nichts mehr, denn das Schloss war verstopft.
Er ging zu seinen Brüdern und sagte kläglich: „Das

Schloss taugt nichts – leider: die Tür ist immer noch zu."

Nun durfte der Jüngste sein Glück probieren. Der Älteste tätschelte ihm den Kopf und meinte: „Du hast keine Chance, Kleiner, denn du hast nicht meine Muskeln!"

Der Zweite klopfte ihm auf die Schulter und sagte: „Du schaffst es nie, du Ärmster, denn du hast nicht mein Gehirn!"

Er aber hörte gar nicht auf sie, sondern dachte erst einmal lange nach. Und weil ihm nichts einfiel, legte er sich ins Bett und schlief ein Stündchen. Als er wieder erwachte, dachte er noch einmal lange nach. Wie machte man wohl eine Weihnachtszimmertür auf, die aus Eisenplatten war und zu der kein Schlüssel passte? Er kam einfach nicht darauf.

Traurig setzte er sich an seinen Tisch. Wenn es schon keine Weihnachtsgeschenke gibt, will ich mir wenigstens eine Kerze anzünden, sagte er sich. Als das kleine Lichtlein brannte, fühlte er sich gleich viel wohler, und ihm wurde warm ums Herz.

Da dachte er: Wenn eine Kerze das Herz des Menschen öffnen kann, kann sie vielleicht auch eine Weihnachtszimmertür öffnen! Er nahm das Lichtlein und ging ganz vorsichtig, damit es nicht verlöschte, zu der dicken Eisentür. Dann hielt er die kleine Flamme direkt an das Schloss. Klack! machte es, und die Tür sprang auf. Staunend sah der Junge den Christbaum und die vielen Geschenke. War das eine Pracht! Freudestrahlend lief er zu seinen Brüdern und erzählte ihnen, wie er die Tür geöffnet hatte.

Da schauten die beiden so dumm und so traurig drein, dass der gute Junge Mitleid bekam. „Warum seid ihr so niedergeschlagen?", sagte er. „Freut euch doch mit mir! Und die Geschenke werden natürlich gerecht geteilt!"

Da strahlten auch seine Brüder und riefen wie aus einem Mund: „Du bist der Tüchtigste von uns!"

„Das will ich meinen", erwiderte der Jüngste. Dann nahmen sie alle an der großen Tafel Platz und verspeisten fröhlich den Weihnachtsbraten. Und die kleine Kerze schien so hell wie ein ganzer Kronleuchter.

Der Gute-Laune-Zwetschgenmann

Wisst ihr, was ein Zwetschgenmännlein ist? Da wird aus Draht ein Gerippe mit Armen und Beinen geformt und mit lauter getrockneten Zwetschgen besteckt. Obendrauf kommt eine Walnuss als Kopf, nun noch Jacke und Hose um den dürren Leib geknöpft, Augen, Nase und Mund auf das runzlige Nussgesicht gemalt, und fertig ist der ganze Mann.

Natürlich gibt es auch Zwetschgenweiblein, und was für schöne, nur Zwetschgenkinder habe ich noch nie gesehen. Das würde ja auch gar nicht passen, wenn Kinder schon runzlige Nussgesichter hätten und einen Leib so dürr wie Trockenpflaumen!

Nun könnte einer natürlich sagen: Was geht mich so ein Zwetschgenmann an! Ich mag überhaupt keine Zwetschgen, und getrocknete schon gar nicht. Ja, wenn er aus Schokolade wäre …

Wenn einer so redet, dann kann ich das wohl verstehen (ich esse nämlich auch sehr gerne Schokolade), aber dummes Zeug ist es doch! Wer hat denn etwas von essen gesagt? Zwetschgenmännlein ist viel zu schade dazu, und ein Zwetschgenweiblein auch. Und wer an einem Adventssonntag über den Weihnachtsmarkt geht und bei einer Marktfrau ein Zwetschgenmännlein oder -weiblein kauft, dem passiert vielleicht etwas ganz Wunderbares … Aber hört selbst, was Peter und Susanne erlebten!

Peter und Susanne waren Zwillinge. Wer sie kannte, sagte: „Schön, dass es zwei sind!" So nett waren sie. Alle Leute fanden das. Aber eine Ausnahme gab es, und, stellt euch vor, das war ihr eigener Großvater!

Schon, als sie noch ganz klein waren, durften sie nie auf seinen Schoß klettern, denn er hatte Angst, dass ihre Windeln vielleicht nicht ganz dicht wären. Wenn einer mal hinfiel und zu heulen anfing, dann schimpfte der Großvater: „Schreihals! Nervensäge!" Und wenn sie ihn jetzt einmal besuchten, dann sollten sie möglichst nichts reden, denn das störte ihn. Singen und pfeifen durften sie auch nicht, denn das regte ihn furchtbar auf. Nur wenn sie bald wieder gingen, dann sagte er ganz freundlich: „Auf Wiedersehen!" Aber er meinte wohl eher: „Auf Nimmerwiedersehen."

Er war wirklich ein schrecklicher Griesgram, ganz unausstehlich! Jeder sagte: Lasst ihn doch allein, wenn er allein sein will!"

Aber das ließen Peter und Susanne nicht gelten. „Er ist schließlich unser Großvater", sagten sie. „Wir wollen, dass er sich freut, wenn wir kommen!" Doch was sie auch taten, der Großvater wurde kein bisschen freundlicher.

„Es ist schon ein Kreuz mit ihm", seufzte Susanne wieder einmal, als sie an einem Sonntag im Advent mit Peter über den Weihnachtsmarkt schlenderte.

„Ja, wirklich", erwiderte Peter. „Schau dir all die tollen Sachen an. Wenn ich dir jetzt gebrannte Mandeln kaufe oder einen Liebesapfel oder Lebkuchen oder Zuckerwatte, freust du dich dann?"

„Na, klar!", sagte Susanne.

„Aber was würden wir von Opa zu hören kriegen?", fragte Peter und gab gleich selbst die Antwort: „Die Mandeln sind zu hart, der Liebesapfel ist zu süß, der Lebkuchen zu trocken, die Zuckerwatte ist zu klebrig."

„Ja, ja", meinte Susanne, „ich bin da ganz anders. Ich würde mich echt darüber freuen, wenn du mir zum Beispiel ein bisschen Zuckerwatte kaufst!"

„Hab schon verstanden", brummte Peter. „Weil du's bist." Sie gingen zum nächsten Stand, und Peter kaufte zwei große Portionen Zuckerwatte.

Er hatte gerade bezahlt, da stieß ihn Susanne an. „Du, schau mal! Die Zwetschgenmänner! Sind die nicht süß? Wäre das nicht etwas …"

„Für unseren Schlechte-Laune-Opa?", fragte Peter zweifelnd. „Wir können es ja versuchen!"

„Den da nehmen wir!", sagte Susanne. „Den mit der Pfeife!"

Tatsächlich, das war ein besonders schöner Zwetschgenmann. Er trug einen lustig karierten Anzug und hatte ein flottes Hütchen auf. Um den Hals hatte er eine große grüne Fliege, und aus der Pfeife in seiner Hand quoll Watte hervor, wie richtiger Rauch. Das Beste war aber sein Gesicht. Mitten in der Runzelnuss saß ein rotes Knubbelnäschen, der Mund lachte von einem Ohr zum andern, und die Augen, die Augen leuchteten wie bei einem fröhlichen Menschen.

„Klar, den nehmen wir", sagte auch Peter. Sie bezahlten und warfen noch einen sehnsüchtigen Blick auf das schöne Taschengeld. „Alles für den alten Meckeropa", maulte der Bruder. „Aber vielleicht freut er sich ja wenigstens darüber."

Sie fuhren mit der Straßenbahn bis zu dem Platz, wo das hohe alte Haus stand, in dem der Großvater seine Wohnung hatte.

An der Tür meinte Susanne: „Bestimmt ist er wieder sooo unfreundlich!"

Und so war es dann auch. Dreimal mussten sie klingeln, bis er aufmachte. Und als sie riefen: „Grüß dich, Opa", fragte er bloß: „Ihr wollt doch nicht etwa reinkommen?"

Peter entgegnete schnell: „Nein, nein, wir wollten dir nur etwas bringen!" Dabei drückte er dem Großvater das Zwetschgenmännlein in die Hand und sah ihn gespannt an. Was würde er sagen?

Na, was wohl? „Ein Zwetschgenmann! Was soll ich denn damit? Der wird ja bloß staubig."

Da wurde es den Kindern aber zu bunt. „Dann musst du ihn eben putzen!", rief Susanne, zog Peter mit sich und lief die Treppe hinunter. „Nie wieder", schimpfte sie noch, dann knallte unten die Haustür zu, und weg waren die Zwillinge.

„Frechheit", brummte der Großvater. „Ein Zwetschgenmann! Das soll wohl heißen: Ich bin auch so runzlig wie der. Nichts wie ärgern tun einen diese Kinder."

„Papperlapapp, ärgern!", ertönte da ein feines Stimmchen. „Wenigstens bedanken hättest du dich können, alter Griesgram!"

Der alte Mann fuhr zusammen. Träumte er? Wer hatte da gesprochen?

„Nein, nein, du träumst nicht. Hier bin ich, in deiner Hand! Und du solltest dich schämen, zu deinen Enkelkindern immer so unfreundlich zu sein!"

Der Großvater blickte auf das Zwetschgenmännlein in seiner ausgestreckten Hand. Dessen Augen blitzten, und obwohl es doch so schimpfte, lachte es ihn an. Eine komische Sache war es mit diesem Lachen. Dem Großvater kam es vor, als ob ihn jemand kitzelte. Und ob er wollte oder nicht, er musste einfach mitlachen.

„Na, also, das war doch schon sehr gut", sagte der Zwetschgenmann.

Da kriegte der Großvater seine schlechte Laune sofort wieder. „Hör auf mit dem blöden Grinsen!", fauchte er. „Es gibt keinen Grund zum Lachen!"

„Es gibt doch einen Grund", erwiderte das Männlein. „Schau mich nur an!"

Der Alte blickte in das strahlende Gesichtchen – und schon lachte er wieder. Das kam ihm ganz wunderbar vor, denn er hatte schon lange nicht mehr richtig gelacht. „Warum muss ich eigentlich lachen, wenn ich dich anschaue?", fragte er.

„Das ist ganz einfach", entgegnete der Zwetschgenmann. „Ich habe immer gute Laune, und gute Laune ist ansteckend. Und außerdem denkst du an die Zeit, als du selbst noch ein kleiner Junge warst."

Wirklich, das stimmte. Der Großvater erinnerte sich an den fröhlichen Knirps, der jetzt ein mürrischer alter Mann war. Wie aufregend war die Weihnachtszeit immer gewesen, mit ihren wunderbaren Gerüchen und Geheimnissen. An einem der vier Adventssonntage hatte er immer mit der Mutter beim großen Kachelofen gesessen und Zwetschgenmännlein und -weiblein gebastelt, mit runzligen Nussgesichtern und roten Knubbelnasen. Und jetzt lag ein solcher Zwetschgenmann auf seiner Hand. Der Großvater konnte gar nicht anders, er musste schon wieder lachen.

„Na siehst du", meinte der Zwetschgenmann, „da haben die Kinder ihr Taschengeld doch ganz gut angelegt."

„Mmmh", brummte der Großvater, „und ich habe noch mit ihnen geschimpft." Er ging schnell zum Telefon und wählte eine Nummer. „Hallo, Peter, bist du's?

Hier ist Opa. Ich wollte euch nur für den nächsten Sonntag einladen. Kuchen gibt's genug und Limonade einen ganzen Kasten!"

Peter war sprachlos. Der Großvater lud sie ein? Er war so verdutzt, dass er zu stottern anfing. „Dadadanke fffür die Einladung. Eees iiist uns eine Eeehre!"

Da passierte das Unglaubliche. Der Großvater lachte, er lachte herzlich und laut! „Für mich ist es auch eine Ehre", sagte er, „auf Wiedersehen, und viele Grüße an Susanne!" Dann legte er den Hörer auf.

„Na, wie hab ich das gemacht?", fragte er den Zwetschgenmann.

„Ganz prima", sagte der und strahlte. „So machst du es jetzt immer."

„Genau", rief der Großvater, „und du bekommst einen Ehrenplatz auf dem Schreibtisch, mein Gute-Laune-Zwetschgenmann!"

Was soll ich euch noch erzählen? Es wurde nicht nur ein toller Adventssonntag mit viel Kuchen und Limonade, sondern die Zwillinge hatten nun einen Großvater, der fast immer freundlich und gut gelaunt war. Denn immer, wenn er sich so richtig ärgern wollte, sah er zu dem Zwetschgenmännlein auf dem Schreibtisch hinüber. Und wenn er einmal nicht zu Hause war, dachte er an das strahlende, runzlige Nussgesicht. Dann war er gleich wieder guter Dinge.

Ihr glaubt, ich schwindle euch etwas vor? Ein Mann, der bloß aus Zwetschgen, Draht und einer Nuss besteht, kann nicht reden und nicht lachen und schon gar nicht gute Laune machen? Dann schenkt einmal einem alten Griesgram einen Zwetschgenmann. Ihr werdet staunen, was dann passiert!

Weihnacht bei Familie Maus

Ganz still ist's in der finsteren Wohnung. Alle sind schon ins Bett gegangen. Doch plötzlich knistert's und raschelt's hinter dem großen Schrank.

„Piep, piep, piep, zündet doch endlich die Laternen an!", ruft ein feines Stimmchen.

Ratsch, ratsch, da brennt ein winziges Flämmchen. Ein, zwei, drei, vier, fünf, sechs Laternchen leuchten auf.

Vater Maus trägt das Erste. Er ist schon ein älterer Herr mit einem prächtigen grauen Schnurrbart. Zur Feier des Tages hat er seinen schwarzen Frack angezogen.

Hinter ihm kommt Frau Maus. Sie schwitzt ordentlich, denn sie muss ihren großen Bauch vor sich herschleppen. Na ja, sie isst halt so gern! „Schnell, Kinder, stellt den Weihnachtsbaum auf!", ruft sie.

Fritz und Willi Maus sausen zur großen Tanne, die in der Mitte des Zimmers steht. Fest genagt und gezogen, schon ist ein Zweig ab. Das ist der Christbaum. Adele und Kunigunde Maus schleppen einen riesigen Würfel aus Emmentaler Käse. Das ist der Christbaumständer.

Die Kerzen sind aus Speck, und die Dochte aus Mäuse-
schnurrbarthaaren.

„Piep, piep, jetzt ist es aber Zeit zum Essen", meint
Mama Maus.

„Au fein", ruft Willi. „Was gibt es denn?"

„Ein großes Mäuse-Superluxus-Festtagsessen", ant-
wortet Mutter Maus voller Stolz. „Specksalat und
Käsesuppe, dann Speckpfannkuchen und zum Nach-
tisch Käsetorte!"

64

„Und einen Schnaps für den Papa!", ruft Vater Maus. „Aber vorher ist Bescherung!"

Was gibt es da für herrliche Geschenke! Eine Schnurrbartbürste für den Vater, aus Katzenhaaren gemacht. Eine rotweiß karierte Schürze für die Mutter.

„Zwölf Mäuseschneider haben vierundzwanzig Tage daran genäht, bis sie groß genug für dich war", erzählt der Vater. „Und jetzt kannst du sogar noch zwölf Gramm zunehmen."

Frau Maus ist begeistert.

Fritz und Willi kriegen zwei nadelspitze Dolche.

„Falls ihr einmal mit der Katze kämpfen müsst", erklärt der Vater. Für Adele gibt es was zu lesen: *Das Käsekochbuch.* Denn sie ist schon fast so rund wie die Mäusemama und kocht für ihr Leben gern.

Kunigunde ist da ganz anders. Sie ist wie Papa rank und schlank und überhaupt das schönste Mäusemädchen weit und breit. Deshalb hat der Vater eine große Flasche mit Parfüm für sie gekauft. Kunigunde freut sich sehr darüber und nimmt gleich ein paar Tropfen davon.

„Du stinkst ja fürchterlich", sagt Fritz, aber das stört sie überhaupt nicht.

Als alle ihre Geschenke bekommen haben, befiehlt der Vater: „Nun singen wir ein Weihnachtslied" und fängt auch gleich an:

„Was raschelt da und huscht und piept?
Familie Maus kommt aus dem Nest,
weil es hier Speck und Käse gibt,
denn heute ist das Weihnachtsfest.
Das Weihnachtsfest ist endlich da,
piep, piep, hurra, piep, piep, hurra!"

Mutter und Kinder stimmen fröhlich mit ein. Achtzehn Strophen hat das Mäuseweihnachtslied. Am Schluss sind alle so heiser, dass sie kaum mehr „piep" sagen können.

„Nun wollen wir aber endlich essen", krächzt Frau Maus und deckt den Tisch mit einer extragroßen Speckschwarten-Tischdecke.

Mmh, wie die duftet! Eine große Schmauserei beginnt, und wenn einer seinen Teller nicht leer essen kann – Mama Maus ist auch noch da.

Vater kriegt seinen Schnaps und fühlt sich danach ganz stark und mutig. „Wenn jetzt die Katze kommt", meint er stolz, „dann soll sie nur kommen! Sie hat keine Chance. Keine Chance!"

Endlich sind alle satt. Wirklich alle! O weh, was ist das? Alle Kerzen gehen aus! Der Christbaum wackelt und wackelt … und fällt um!

„Mutter, Mutter", schimpft Papa Maus, „du hast wieder den Christbaumständer aufgegessen!"

„Er war aber auch zu köstlich", meint die Mama verlegen.

Aber Vater Maus ist richtig ärgerlich. „Und was wäre nun, wenn durch die brennenden Kerzen ein Feuer ausgebrochen wäre?", fragt er.

„Keine Sorge", sagte Mutter Maus. „Die Kerzen habe ich doch auch verspeist."

Da sagt Herr Maus nichts mehr. Er bindet seiner Frau die neue Schürze um, und siehe da! Sie passt genau! Zwölf Gramm hat Mama Maus zugenommen.

Als sie aber nun schnell noch einmal an der Tischdecke knabbern will, fasst der Vater sie um die Hüften. „Schluss! Nichts gibt's mehr! Kein Gramm!" Er pfeift eine lustige Melodie und schwenkt seine Mäusin im Kreis zu einem flotten Tänzchen.

„Du bist immer noch so ein wunderbarer Tänzer wie damals", flüstert sie ganz verliebt und verdreht die Augen. Ob sie das wohl bloß tut, weil ihr schwindlig wird? Keine Maus wird es je erfahren, denn plötzlich – tapp … tapp … tapp …

„Piep, piep, piep, die Katze!", rufen alle entsetzt.

Willi und Fritz werfen ihre Dolche weit weg, Adeles *Käsekochbuch* fällt vom Tisch, und Kunigundes Parfümflasche – kracks! – zerbricht, als sie auf dem Boden landet. Mutter Maus rennt so schnell, dass die neue Schürze gleich wieder zu weit wird. Sogar Vater Maus vergisst seinen ganzen Mut und saust auf den großen Schrank zu. Ein Knistern und Rascheln noch, ein ängstliches „Piep, piep!", und die ganze Gesellschaft ist verschwunden.

So ist das Weihnachtsfest bei Familie Maus. Also ehrlich, Kinder, mir wäre das zu aufregend. Ich feiere lieber bei euch!

Vier Wünsche

Es waren einmal zwei Schwestern, die hießen die schöne Gitte und die nette Lotte. Sie waren beide an einem Adventssonntag geboren und darum rechte Glückskinder, sollte man meinen. Nun, ihr werdet ja sehen!

Gitte war wirklich wunderschön. Sie hatte große blaue Augen, ihre blonden Haare glänzten wie Seide, und ihre Fingernägel waren rot lackiert. Sie trug immer die tollsten Kleider und dazu passende Lackschuhe. Sie sah wirklich ganz entzückend aus. Deswegen nannten sie auch alle die schöne Gitte.

Lotte war nicht besonders schön. Sie hatte braune Augen, kurze braune Haare und viel lieber Hosen als tolle Kleider an. Ihre Fingernägel zu lackieren hatte sie schon gar keine Lust. Aber sie war immer freundlich und gut gelaunt, und hilfsbereit war sie auch. Deshalb wurde sie von allen nur die nette Lotte genannt.

Die beiden Schwestern saßen oft zusammen in dem Häuschen, in dem sie mit ihren Eltern wohnten. Dann kämmte Gitte ihr langes blondes Haar und erzählte von dem schönen Prinzen, der bestimmt bald kommen und sie heiraten würde. In einem prächtigen Schloss würde sie dann wohnen und dreimal am Tag ein neues Kleid anziehen. Herrlich würde das sein!

Lotte sagte meistens kein Wort dazu. Aber im Stillen dachte sie: Arme Gitte! Vielleicht musst du noch lange sitzen und träumen. Denn schöne Prinzen gibt es gar so selten. Aber das sagte sie nie laut, denn sie war eben die nette Lotte und wollte ihre Schwester nicht ärgern.

So saßen sie auch einmal am Nachmittag vor dem Heiligen Abend da. Das war gerade der vierte Advent.

Die schöne Gitte kämmte ihr blondes Haar und sagte wie so oft: „Morgen kommt bestimmt der schöne Prinz …" Aber weiter kam sie nicht.

„So ein Unfug!", schimpfte da plötzlich eine Stimme. „Morgen kommt das Christkind, und daran solltest du denken, nicht an deinen albernen Prinzen!"

Die beiden Mädchen erschraken. Aber Lotte fasste sich bald ein Herz und fragte: „Wer bist du? Und wo bist du?"

„Ich bin die Weihnachtsfee. Wartet, gleich könnt ihr mich sehen!", antwortete die Stimme. Wie aus dem Nichts wuchsen vier große Kerzen aus dem Boden und leuchteten hell. Und zwischen ihnen stand die Weihnachtsfee. Aber was für eine Fee! Gar nicht lieblich anzusehen, sondern alt und verhutzelt, mit grauen Haaren und einem Gesicht voller Falten. Die ganze Person war so groß wie ein Gartenzwerg, und das ist ja wirklich nicht sehr groß.

„Du bist die Weihnachtsfee?", fragte Gitte erstaunt. „Aber eine Fee muss doch schön sein, so wie ich ungefähr, und du siehst überhaupt nicht schön aus."

„Glaubst du denn, dass man Schönheit immer sehen kann?", erwiderte die Weihnachtsfee. „Ich bin viel zu alt, um noch schön aussehen zu wollen. Seit fast zweitausend Jahren komme ich im Auftrag des Christkinds auf die Erde, immer am vierten Advent. Dann haben zwei Menschenkinder vier Wünsche frei. Du meine Güte, was haben sich die Menschen in all den Jahren für Unsinn gewünscht! Vor lauter Kummer bin ich

immer mehr geschrumpft, und mein Gesicht ist ganz
faltig geworden. In diesem Jahr ist die Wahl des Christkinds auf euch gefallen. Macht das Beste daraus!"

Die Weihnachtsfee gab jedem der Mädchen ein kleines Feuerzeug. „Gleich werden die vier Kerzen verlö-
schen", sagte sie. „Mit dem Feuerzeug dürft ihr sie wieder anzünden und euch viermal etwas wünschen. Aber
achtet darauf, dass die Lichter nicht wieder ausgehen,
bevor ihr euren letzten Wunsch genannt habt. Sonst
sind alle Wünsche verloren."

Dann war die Weihnachtsfee verschwunden, und von

72

den Kerzen, die eben noch hell gebrannt hatten, stieg nur noch leichter Rauch auf.

Gitte entzündete sofort das Feuerzeug. Ach, was sie nicht alles für Wünsche hatte! Schon brannten die Kerzen wieder. „Ich möchte niemals Falten bekommen, und mein Haar soll immer so blond bleiben", rief sie und dachte, das wäre der erste Wunsch.

„Das waren schon zwei!", kam von weit her die Stimme der Weihnachtsfee.

Gitte erschrak. Jetzt musste sie aber aufpassen! Gleich wollte sie sich ihren Prinzen herbeiwünschen. Aber plötzlich wurde es so warm, und sie schwitzte, weil sie auch in der Stube ihren Pelzmantel nicht ausgezogen hatte. Und ehe sie noch darüber nachdachte, rief sie: „Puh, ist mir warm! Wenn doch jetzt ein kühler Wind käme!"

Schon war er da und blies die Kerzen aus.

Oje, da waren alle Wünsche verloren! Die schöne Gitte war sehr traurig. Hätte sie doch bloß besser aufgepasst! Doch jetzt war die nette Lotte dran. Vielleicht hatte sie mehr Glück.

Lotte dachte gründlich nach. Was sollte sie sich wünschen? Mit ihren braunen Haaren war sie eigentlich ganz zufrieden, ein paar Falten fand sie auch nicht so schlimm, und einen schönen Prinzen, nein, den brauchte sie wirklich nicht!

Schließlich zündete sie noch einmal alle vier Kerzen an und sagte: „Ich habe eigentlich nur einen Wunsch: Dass ich mit allen Menschen, die ich gern habe, noch viele Jahre lang ein frohes Weihnachtsfest feiern kann!"

Kaum hatte sie ausgesprochen, da erstrahlte das Zimmer in hellem Glanz, und die Weihnachtsfee stand wieder vor den beiden Mädchen. Sie war immer noch klein und alt, aber wie schön sah sie jetzt aus!

„Das war ein guter Wunsch", sagte sie zu Lotte und lächelte dabei. „Der beste, den ich seit langem gehört habe. Nun weiß ich, dass sich nicht alle Menschen nur dummes Zeug wünschen! Das Christkind wird deinen Wunsch erfüllen." Damit verschwand die Weihnachtsfee.

Die nette Lotte aber feierte wirklich viele frohe Weihnachtsfeste, und weil sie die schöne Gitte trotz allem so gern hatte, durfte sie mitfeiern.

Wer weiß, vielleicht begegnet auch euch einmal die Weihnachtsfee. Was würdet ihr euch dann wünschen? Macht das Beste daraus!

Ein Geschenk fürs Herz

Anne wollte ihrem Bruder Hannes ein Weihnachtsgeschenk machen, denn sie mochte ihn sehr gut leiden. Sie wusste auch schon, was. Einen Rauschgoldengel natürlich! Einen Rauschgoldengel mit goldenen Flügeln, goldenem Haar und goldenem Kleid, mit rosigem Gesicht und himmelblauen Augen.

Ganz in der Nähe war ein kleiner Laden, der hieß *Geschenke fürs Herz*. Darin gab es die wunderbarsten Engel. Einen davon wollte Anne für Hannes aussuchen.

Aber als sie sich die Preisschildchen anguckte, traute sie ihren Augen nicht. So eine Gemeinheit! Die waren ja furchtbar teuer! So viel Geld hatte sie nicht.

Von wegen *Geschenke fürs Herz*, dachte Anne erbost. Geschenke für ein dickes Portmonee! Aber was jetzt? Wie wäre es … na klar! Sie würde selber einen Engel basteln, einen richtigen Engel fürs Herz!

Zu Hause machte sie sich gleich an die Arbeit. Sie legte eine rosa Kerze in einem Teller auf die Heizung, bis sie weich war. Dann rollte sie ein Stück davon zu einem kugelrunden Kopf. Nun musste er noch bemalt werden. Anne nahm ihren Wasserfarbenkasten und

malte mit einem feinen Pinsel ein kirschrotes Mündchen auf den Wachskopf. Doch – da war kein Mund, nur winzige rote Tröpfchen glänzten auf dem Wachs. Wahrscheinlich musste sie mehr Farbe nehmen. Also noch einmal! Doch da waren wieder nur diese blöden Tröpfchen. Wütend warf Anne die Kugel in die Ecke.

So ging es nicht! Vielleicht mit Pappe? Aus einem Stück Karton schnitt Anne einen Kopf aus. Als sie fertig war, betrachtete sie ihr Werk. Scheußlich!

Der Kopf sah aus wie ein Ei! Energisch schnipselte Anne daran herum. Erst war er so groß wie ein Fünfmarkstück, dann wie ein Markstück und dann nur noch wie ein Zehnerl. Und immer noch war er nicht richtig rund. Da flog er in die Ecke! Nein, mit Pappe ging es auch nicht. Überhaupt, dachte Anne, den Kopf macht man erst zum Schluss. Das Kleid geht bestimmt einfacher.

Sie holte sich von der Mutter einen Bogen Goldpapier und eine Tube Klebstoff. Nun konnte es richtig losgehen. Vorsichtig schnitt Anne ein Stück Goldpapier aus und rollte es zusammen. Eine Röhre! Aber ein Engel hat doch keine Röhre an!

Anne überlegte. Ich muss einfach ein größeres Stück nehmen. Wieder eine Röhre! Noch ein größeres Stück? Wieder eine Röhre! Anne verlor langsam die Geduld. Wie macht man bloß einen Rock? Endlich … na klar, das war die Lösung! Wenn sie einfach einen Engelmann machte, dann konnte sie ihm auch eine Hose anziehen. Und eine Hose besteht – aus zwei Röhren!

Triumphierend suchte Anne zwei Goldpapierstücke heraus, die gleich groß waren, so ungefähr wenigstens, und rollte sie zusammen. Jetzt kam sie endlich voran mit ihrem Engel! Sie öffnete die Klebstofftube und drückte darauf. Blubb!, machte es, aber nichts kam heraus. Noch einmal! Blubb! War das nicht zum Haareraufen? Anne legte die ganze Hand um die Tube und drückte mit aller Kraft. Jetzt kam der Klebstoff, und wie!

Entsetzt starrte Anne die schönen goldenen Hosenbeine an: Alles voller Kleister, und ihre Hände auch. „Jetzt reicht es!", schrie sie, hob die Kugel und die

Pappe vom Boden auf, nahm Tube und Goldpapier und warf die ganze Bescherung in den Papierkorb. „Wenn ihr kein Engel werden wollt, seid ihr selbst schuld", schimpfte sie. Aber gleich darauf musste sie lachen. Ich bin vielleicht eine tolle Bastlerin, dachte sie. Der arme Hannes, jetzt kriegt er kein Geschenk.

Doch da fiel ihr etwas ein. Basteln konnte sie wirklich nicht so besonders. Aber Geschichten erzählen, das konnte sie. Also setzte sie sich hin und schrieb in ihrer schönsten Schrift auf ein weißes Blatt Papier:
Anne wollte ihrem Bruder Hannes ein Weihnachtsgeschenk machen, denn sie kann ihn sehr gut leiden …

Dann schrieb sie die ganze Bastelgeschichte auf, und Hannes bekam sie zu Weihnachten. Er lachte sich halb kaputt darüber und sagte: „Vielen Dank, Anne. Deine Geschichte ist viel, viel schöner als der schönste Rauschgoldengel. Denn ein Geschenk, über das man lachen kann, das ist wirklich ein Geschenk fürs Herz!"

Das Weihnachtsgespenst

Bum, bum, bum … Martin zählte die Schläge der großen Kirchturmuhr. Bum, bum, bum, bum, bum.

„Acht Uhr ist es schon", sagte er zu seiner Schwester Juliane. „Wo bloß die Eltern bleiben?"

„Lass sie doch auch einmal ausgehen", meinte Juliane. „Oder hast du etwa Angst?"

„Angst?", rief Martin verächtlich. „Natürlich habe ich keine Angst. Aber findest du es richtig, dass sie uns am vierten Advent so einfach allein lassen?"

Juliane gab keine Antwort. Eigentlich war es ganz lustig gewesen, den Tag mit Martin allein zu verbringen. Aber jetzt, wo es draußen dunkel war, allein in dem alten Haus, in dem sie erst seit ein paar Wochen wohnten … und dann dieses unheimliche Bum, bum, bum … Juliane schüttelte sich. Allmählich könnten die Eltern wirklich nach Hause kommen.

Martin sah sie an und grinste. „Ich glaube, du hast Angst. Aber keine Sorge, ich beschütze di… Hast du das gehört?" Nun war er gar nicht mehr mutig, der Martin. „Hast du das gehört?"

Juliane lauschte. Tatsächlich, da schlurfte jemand

durchs Haus, und bei jedem Schritt klirrte es leise.

„Ein Einbrecher, ein Drache, ein Ungeheuer, ein Gespenst", flüsterte Martin schreckensbleich.

O weh, und der will mich beschützen, dachte Juliane. Aber auch ihr war ziemlich mulmig zumute. Ob nicht doch alles Einbildung war? Aber nein, da war es schon wieder: schlurfende Schritte und ein leises Klingeln. Näher und näher kam das Geräusch …

Martin sprang auf und versteckte sich hinter dem großen Vorhang, aber Juliane saß nur da und starrte auf die Tür, die sich knarrend öffnete.

Dann trat eine Gestalt ins Zimmer, und wie sah sie aus! Entsetzlich hager war sie, hatte langes weißes

Haar und einen dünnen Bart. Überall, an den Ohren, auf der Brust, am Gürtel und an den Handgelenken trug sie bunte gläserne Christbaumkugeln, die bei jeder Bewegung leise klirrten. Die Schuhe, auf denen die sonderbare Erscheinung ins Zimmer geschlurft kam, waren zwei Christbaumständer, über ihren Schultern hing ein Umhang, der aus lauter Lametta geflochten war. Nein, wer so aussah, war nicht allzu Grauen erregend.

Julianes Furcht war jedenfalls wie weggeblasen, und sogar Martin, der Angsthase, spitzte hinter dem Vorhang hervor. „Was bist du?", fragte er zaghaft. „Ein Einbrecher, ein Drache, ein Ungeheuer oder ein Gespenst?"

Die Erscheinung antwortete entrüstet: „Sehe ich vielleicht wie ein Dieb aus, oder speie ich Feuer?" Dann fügte sie bekümmert hinzu: „Nein, ich bin nur ein Gespenst, und ein ganz armseliges dazu. Denn die richtigen Gespenster, die kommen um Mitternacht, klappern mit ihren Knochen und erschrecken die Leute. Aber ich bin bloß komisch. Nicht einmal du hast Angst vor mir!"

Juliane bekam großes Mitleid mit dem armen Gespenst. „Ich finde zwar überhaupt nichts Nettes dabei, Menschen zu erschrecken, aber wenn es dir hilft, will ich mich gerne fürchten", meinte sie.

„Nein, nein", rief das Gespenst, „das brauchst du wirklich nicht. Es ist nur … es macht mir überhaupt keinen Spaß herumzuspuken. Deshalb möchte ich schrecklich gern erlöst werden."

„Ja, was hast du denn eigentlich angestellt, dass du so durch die Gegend geistern musst?", fragte Martin und kam hinter dem Vorhang hervor.

„Das ist schnell erzählt", erwiderte das Gespenst. „Vor vielen Jahren war ich der Besitzer dieses Hauses. Ich hatte eine große Fabrik für Christbaumschmuck und war schwerreich. Aber ich wollte immer noch reicher werden. Das Weihnachtsfest interessierte mich überhaupt nicht, nur das Geld, das ich daran verdiente. Zur Strafe muss ich nun jedes Jahr am vierten Advent als Weihnachtsgespenst durch dieses Haus geistern! In diesem Aufzug! Mit Lametta, Glaskugeln und Christbaumständern! Es ist entsetzlich!"

„Du Ärmster, was musst du durchmachen!", rief Juliane voller Mitleid. „Können wir dir vielleicht helfen?"

„O ja, das könnt ihr", sagte das Gespenst eifrig. „Wenn ich einmal mit jemandem richtig Weihnachten feiere, dann bin ich erlöst. Ihr müsstet mich also einladen. Würdet ihr das tun?"

„Klar, machen wir!", rief Martin begeistert. „Weihnachten mit einem echten Weihnachtsgespenst, das ist das Größte! Ich kenne ein paar Leute, die würden platzen vor Neid, wenn sie das wüssten!"

„Also abgemacht!", sagte das Gespenst. „Und vielen Dank für die Einladung!" Damit schlurfte es leise klingelnd zur Tür hinaus.

„Eine Sensation!", rief Martin.

„Das arme Gespenst!", meinte Juliane.

Als bald darauf die Eltern heimkamen, erzählten die Kinder aufgeregt von ihrem seltsamen Gast. „Wir müssen ihn unbedingt erlösen!", riefen sie.

Die Eltern waren nicht sehr begeistert, denn sie hatten für Gespenster nicht allzuviel übrig. Aber was sollten sie machen? Einen Geist kann man schließlich nicht einfach wieder ausladen.

Am Heiligen Abend waren die Kinder vor Ungeduld ganz zappelig. Ob das Weihnachtsgespenst wohl kommen würde?

Es kam! Kaum waren die Kerzen am Christbaum angezündet, hörten alle die schlurfenden Schritte und das leise Klingeln. Gleich darauf öffnete sich die Tür, und das Gespenst trat ins Zimmer. Sein Lametta-Umhang und die bunten Kugeln schimmerten im Kerzenlicht.

„Frohes Fest!", wünschte es und machte einen tiefen Diener. Dann ging das Weihnachtsgespenst auf den herrlich geschmückten Baum zu. „Entschuldigen Sie

meine Neugier", sagte es zu den Eltern, „aber wissen Sie, ich bin Fachmann!"

Es sah sich die bunten Kugeln, das Lametta und die Christbaumspitze genau an und meinte: „Gute Arbeit. Damit könnte man eine Menge Geld verdienen …"

„Vorsicht, Vorsicht!", rief Juliane. „Oder willst du vielleicht weiter herumspuken?"

Das Gespenst fuhr erschrocken zusammen. „Alles, nur das nicht!", jammerte es. Die Kugeln klirrten ordentlich, so riss es sich zusammen.

Den ganzen Abend über sprach es nun nicht ein einziges Mal mehr vom Geldverdienen. Es sah den Kindern beim Geschenkeauspacken zu, erzählte, was es als Gespenst erlebt hatte, und sang sogar ein Weihnachtslied. Alle waren vergnügt, und die Zeit verging wie im Fluge.

Dann schlug die große Kirchturmuhr zwölf. Kaum war der letzte Schlag verklungen, rief das Gespenst: „Vielen Dank, ich bin erlöst. Juhu, nie mehr spuken!" Und weg war es. Nur noch ein paar glitzernde Lamettafäden lagen an seinem Platz.

Zuerst waren die Kinder ein bisschen traurig. Aber sie trösteten sich schnell, denn schließlich hatten sie etwas ganz Besonderes erlebt: Weihnachten mit einem echten Weihnachtsgespenst.

Drei suchen das Christkind

In einem großen Dorf lebte einmal ein Huhn. Es steckte mit zehntausend anderen Hühnern in einer großen Halle. Sein Käfig war so klein, dass es gerade mal darin stehen konnte. Über ihm, neben ihm und unter ihm hockten Hühner. Sie alle konnten sich kaum bewegen und hatten den ganzen Tag nichts anderes zu tun, als Körner zu fressen und Eier zu legen. Dazwischen durften sie gackern. Wenn aber zehntausend Hühner gackern, gibt das einen rechten Höllenlärm. Doch was sollen sie sonst tun? Also gackerten die Hühner, auch wenn ihnen die Ohren wehtaten.

Auf diese Weise musste das arme Huhn seine Tage verbringen. Die meisten von euch denken sicher: Das macht doch nichts; ein Huhn hat doch keine Seele, also spürt es gar nicht, was mit ihm geschieht. Aber das stimmt nicht.

Unser Huhn jedenfalls hatte eine solche Sehnsucht nach Freiheit, dass es eines Tages, als die Käfigtür für einen Moment geöffnet wurde, blitzschnell aus dem Käfig hüpfte und ins Freie flatterte.

War es da schön! Das ganze Land war mit Schnee

bedeckt und glitzerte in der Sonne. Das Huhn gackerte vor Freude und rannte und flatterte mit neuer Kraft durch das Dorf, bis es in einen Wald kam. Dort begegnete ihm eine Kuh.

Das Huhn grüßte freundlich und fragte, weil es wie alle Hühner furchtbar neugierig war: „Woher kommst du? Wohin willst du?"

Die Kuh antwortete: „Ich habe mit hundert Kühen in einem Stall gelebt, der war so eng, dass wir uns nicht einmal umdrehen konnten. Und angekettet waren wir auch. Den ganzen Tag mussten wir bloß fressen und Milch geben; vor lauter Langeweile machten wir den

ganzen Tag ‚muh!' Das war vielleicht ein Krach! Heute habe ich es nicht mehr ausgehalten und bin einfach ausgerissen. Und jetzt sehe ich, wie herrlich die Welt ist!"

„Wir wollen zusammenbleiben", meinte das Huhn. „In Gesellschaft ist die Freiheit noch schöner!"

Also gingen sie miteinander weiter. Nach einiger Zeit trafen sie ein Schwein. „Darf ich mit euch kommen?", fragte es und erzählte ihnen quiekend seine Geschichte.

Mit vielen hundert anderen Schweinen hatte es in einem finsteren Raum gehaust, in den niemals ein Sonnenstrahl drang. Wie die Sardinen waren sie dort zusammengepfercht. Den ganzen Tag mussten sie fressen, damit sie recht fett waren, wenn sie geschlachtet wurden. „Und das Gegrunze den ganzen Tag", grunzte das Schwein, „es war nicht zum Aushalten! Aber heute bin ich entwischt, und nie wieder kehr ich dorthin zurück, denn die Welt ist so schön!"

Nachdem sie einige Zeit zusammen durch das verschneite Land gewandert waren, seufzte das Huhn auf einmal tief und sagte: „Es ist doch ein Kreuz mit den Menschen. Ich weiß ja, dass sie unsere Eier brauchen, aber warum dürfen wir sie nicht im Freien legen?"

„Du hast Recht", erwiderte die Kuh, „wir wollen den Menschen auch gerne unsere Milch geben, aber warum zwingen sie uns, in Ketten zu leben?"

Das Schwein quiekte kläglich: „Wenn es denn sein muss, dass uns die Menschen verspeisen, dann sollen sie es in Gottes Namen tun. Wir sind nun mal Schweine und taugen zu nichts anderem, als Schinken und Eisbein zu liefern. Aber warum dürfen wir nicht bis dahin unser Leben genießen?"

Traurig standen die drei beieinander und dachten an ihre armen Freunde.

„Was sollen wir jetzt tun?", fragte das Huhn.

Das Schwein überlegte einen Moment und rief dann: „Ich hab's! Wir wollen das Christkind suchen. Das Christkind ist gut zu allen Lebewesen, denn es weiß, dass auch Tiere eine Seele haben."

„Aber wie sollen wir es finden?", fragte die Kuh.

„Ich habe einmal gehört", erwiderte das Schwein, „dass ein strahlendes Licht den Weg zum Christkind weist. Danach müssen wir suchen."

Da machten sie sich voller Hoffnung auf den Weg. Schon nach kurzer Zeit sahen sie einen großen Baum, der über und über mit funkelnden Lichtern behangen war. Dahinter stand ein prächtiges Haus.

„Das muss es sein, das muss es sein", jubelten die Tiere, „da wohnt das Christkind!" Gackernd, grunzend und muhend vor Freude liefen sie auf das Haus zu … und erstarrten vor Schreck. Ein riesiger schwarzer Hund sprang auf sie zu!

„Wau, wau, wau, ihr armseligen Landstreicher, verschwindet, oder ich beiße euch die Gurgel durch!",
bellte er wütend und fletschte die Zähne.

In panischer Angst rannten die drei davon. Schließlich rief das Schwein: „Ich kann nicht mehr, ich habe ein schwaches Herz!" Da blieben sie zitternd und mit klopfendem Herzen stehen.

„Dort kann das Christkind ja wohl nicht gewohnt haben", keuchte die Kuh, „eher der leibhaftige Teufel!"

Sie ruhten sich ein bisschen aus und machten sich dann wieder auf den Weg. Plötzlich schimmerte in der Ferne ein helles Licht.

„Da könnte es sein", gackerte das Huhn.

„Nichts wie hin!", jauchzte das Schwein, stürmte los und hatte sein schwaches Herz glatt vergessen. Aber gleich darauf quiekte es entsetzt. Es stand vor einem riesigen Schaufenster, darin lagen Würste und Schinken, Rollbraten und gerupfte Hühner in großer Zahl.

„Nichts wie weg", schrie es den anderen entgegen, „rennt um euer Leben, da wohnt nicht das Christkind, da wohnt ein Metzger!"

Hui, wie sie da liefen!

Sie wanderten noch lange Zeit miteinander, aber das Christkind fanden sie nicht. Schließlich sagte das Huhn traurig: „Es hat keinen Zweck. Kehren wir in unsere Ställe zurück, damit wir wenigstens nicht verhungern."

„Es bleibt uns nichts anderes übrig", seufzte die Kuh, „wir sind eben auf die Menschen angewiesen."

Das Schwein ließ den Kopf hängen, und ein paar dicke Tränen tropften in den Schnee. „Also gut", schluchzte es, „gehen wir zurück." Doch dann wischte es sich die Augen, schnäuzte sich kräftig und reckte den Rüssel. „Aber die Hoffnung wollen wir deshalb noch nicht aufgeben", sagte es. „Freilich, das Christkind haben wir nicht gefunden. Aber bestimmt gibt es auch Menschen, die von unserer Not wissen. Die werden den anderen eines Tages schon sagen, dass auch Tiere eine Seele haben!"

Getröstet machten sich die drei auf den Heimweg, und hoch über ihnen am Himmel leuchtete ein heller Stern.

Die Deutsche Bibliothek – CIP-Einheitsaufnahme

Parigger, Harald:
Jeden Tag soll Weihnacht sein : Geschichten für die Adventszeit /
Harald Parigger. – München : Egmont Schneider, 1999
  ISBN 3-505-11160-0

Dieses Buch wurde auf chlorfreies,
umweltfreundlich hergestelltes
Papier gedruckt. Es entspricht den
neuen Rechtschreibregeln.

Der Schneider Verlag im Internet:
http://www.schneiderbuch.de

©1999 by Egmont Franz Schneider Verlag GmbH
Schleißheimer Straße 267, 80809 München
Alle Rechte vorbehalten
Titelbild und Illustrationen: Irmtraud Guhe
Umschlaggestaltung: ART-DESIGN Wolfrath, München
Herstellung: Gabi König
Satz: Hans Buchwieser GmbH, Kirchheim b. München
Druck/Bindung: Druckerei Appl, Wemding
ISBN 3-505-11160-0

99 00 / 8 7 6 5 4 3 2 1